BEI GRIN MACHT SICH IHR WISSEN BEZAHLT

Sabine Picout

Dolmetschen und Übersetzen für Botschaften

Berufskunde und Berufsprofile

GRIN Verlag

Bibliografische Information der Deutschen Nationalbibliothek:

Die Deutsche Bibliothek verzeichnet diese Publikation in der Deutschen National-bibliografie; detaillierte bibliografische Daten sind im Internet über http://dnb.d-nb.de/ abrufbar.

Impressum:

Copyright © 2005 GRIN Verlag GmbH
Druck und Bindung: Books on Demand GmbH, Norderstedt Germany
ISBN: 978-3-656-32710-3

Dieses Buch bei GRIN:

http://www.grin.com/de/e-book/205671/dolmetschen-und-uebersetzen-fuer-bot-schaften

GRIN - Your knowledge has value

Der GRIN Verlag publiziert seit 1998 wissenschaftliche Arbeiten von Studenten, Hochschullehrern und anderen Akademikern als eBook und gedrucktes Buch. Die Verlagswebsite www.grin.com ist die ideale Plattform zur Veröffentlichung von Hausarbeiten, Abschlussarbeiten, wissenschaftlichen Aufsätzen, Dissertationen und Fachbüchern.

Besuchen Sie uns im Internet:

http://www.grin.com/

http://www.facebook.com/grincom

http://www.twitter.com/grin_com

Leopold – Franzens – Universität Innsbruck
Institut für Translationswissenschaften

Referat zum Thema
„Dolmetschen und Übersetzen für Botschaften"

von Sabine Picout

Innsbruck, April 2005

In diesem Referat <u>Dolmetschen und Übersetzen für Botschaften</u> werden wir uns auf die Ausführungen von *Peter Weissenhofer* und *Martin Grünberg* stützen, der einen Beitrag in Berufsbilder für Übersetzer und Dolmetscher von *Kurz/Moisl* verfasst hat.

(1) Das allgemeine Berufsbild

Aufgrund ihrer sprachlichen und sprachmittlerischen Kompetenzen, ihrer Flexibilität und Fähigkeit, sich in unterschiedlichste Fachbereiche einzuarbeiten, sind die Übersetzer und Dolmetscher im Botschaftsbereich vielfältig einsetzbar.

In der Praxis sind sehr viele Übersetzer und Dolmetscher in Botschaften angestellt, doch werden sie häufig neben der Übersetzer- und Dolmetschertätigkeit auch für andere Aufgaben eingesetzt. Ein Grund dafür ist auch, dass viele Botschaften über keine eigene Übersetzungsabteilung verfügen.

Ein Vorteil des Ü/D ist, dass er/sie nicht nur als Sprachmittler eingesetzt werden kann, sondern – was besonders interessant ist – er im Umgang mit den Fremdsprachen sehr geübt ist und deshalb auch seine sprachliche Kompetenz einbringen kann. Die zusätzlichen Tätigkeiten stellen eine weitere Herausforderung und eine Möglichkeit dar, sein Wissen zu vertiefen und seine Qualifikationen auszudehnen. Sie werden als Abwechslung im übersetzerischen Alltag empfunden. Diese zusätzlichen Tätigkeiten sind z.b. das Verfassen von Berichten, Pressespiegeln und Briefen (und zwar in der Fremdsprache und der Muttersprache). Dazu können noch organisatorische Tätigkeiten kommen. Was dies praktisch heißen kann, werden wir später am Beispiel eines Dolmetschers und Übersetzers, der an der Kanadischen Botschaft in Wien tätig ist, erläutern.

Größere Botschaften verfügen meistens über mehrere Abteilungen wie z.B. eine Handelsabteilung, Abteilungen für Politik, Kultur, Öffentlichkeitsarbeit, Immigration etc. Ü/D sind in vielen dieser Botschaftsbereiche einsetzbar, da sie sehr oft über Zusatzqualifikationen verfügen oder aber sich schnell und flexibel in ein Thema einarbeiten können.

(2) Der Berufseinstieg – Studium und Zusatzqualifikationen

Weissenhofer nennt für einen Einstieg in den Botschaftsdienst folgende drei Säulen:

a) die Ausbildung durch das Studium selbst

b) die Absolvierung von Auslandsaufenthalten

c) Erwerb von möglichst vielen Zusatzqualifikationen

In Bezug auf die Ausbildung durch das Studium selbst sind besonders jene Lehrveranstaltungen relevant und für das spätere Berufsleben nützlich, die sich mit der Terminologie der internationalen Organisationen und den Fachsprachen in den Bereichen Wirtschaft, Recht und Politik beschäftigen, aber auch Einsicht ins Pressewesen und Konferenzsprachen geben. Je nachdem, in welcher Abteilung man später arbeitet, sind Lehrveranstaltungen, die die entsprechende Fachterminologie behandeln sehr hilfsreich. Vor Berufseinstieg wird das im Studium erworbene Wissen anhand eines Einstiegstests an der Botschaft überprüft. Bei Weissendorfer bestand der Test darin, einen Entschließungsantrag ins Englische und Französische zu übersetzen.

Die Auslandsaufenthalte dienen vor allem der Vertiefung der Sprachkenntnisse sowie dem Kennenlernen und der Auseinandersetzung mit anderen Kulturen, Denkweisen, politischen Systemen. Diesbezüglich sind Aufenthalte in Form von Sprachkursen, Austauschsemestern an ausländischen Universitäten,

Praktika oder Arbeitsaufenthalte empfehlenswert, denn bei Bewerbern für den Botschaftsdienst wird auf Auslandserfahrung sehr viel Wert gelegt. Neben der sprachlichen Weiterbildung zeugen Auslandsaufenthalte auch von Interesse an fremden Ländern und Kulturen.

Was die Zusatzqualifikationen anbelangt, so können diese bei einer Bewerbung um einen Botschaftsposten ausschlaggebend sein, da die Konkurrenz unter den Mitbewerbern sehr groß ist und sehr viele über annähernd dieselbe Ausbildung oder universitären Abschluss verfügen. Hier sind vor allem Zusatzqualifikationen im Bereich Information und Dokumentation, Wirtschaft und Recht, Politik, Kultur, Öffentlichkeitsarbeit etc. interessant. Dabei bietet sich die Möglichkeit eines Zweitstudiums oder aber der Besuch von Lehrgängen, Seminaren und Fortbildungskursen während oder nach dem Studium.

(3) Berufliche Anforderungen und Arbeitsalltag

Wie läuft eine Bewerbung um eine Stelle im Botschaftsbereich genau ab?

Zuerst wird eine schriftliche Bewerbung eingereicht, anhand derer die Kandidaten ausgewählt werden, die dem Anforderungsprofil am besten entsprechen. Diese werden dann zu einem schriftlichen Test geladen. Bei diesem Test handelt es sich meist um eine Übersetzung in die und/oder aus der Fremdsprache. Diejenigen Bewerber, die am Ende des Tests am besten abgeschnitten haben, werden dann zu einem Interview eingeladen. Dieses Interview soll dazu dienen, den Kandidaten persönlich kennenzulernen und die mündliche Sprachbeherrschung zu testen und über die persönliche Motivation des Kandidaten für die Stelle zu sprechen. Hier ist anzumerken, dass für Ü/D interessante Stellen oft nicht für „Übersetzer und Dolmetscher" ausgeschrieben sind, sondern als Assistenzposten in verschiedensten Botschaftsbereichen bezeichnet werden.

Als Beispiel für die umfassenden nicht rein sprachmittlerischen Tätigkeiten, möchten wir nun auf den persönlichen Aufgabenbereich von Peter Weissenhofer eingehen, der als „Research Assistent" in der Politischen Abteilung der Kanadischen Botschaft in Wien tätig ist:

➢ Neben Übersetzungen aus dem Deutschen ins Englische und Französische (seltener in umgekehrter Richtung) besteht seine sprachmittlerische Tätigkeit auch in gelegentlichen Gesprächsdolmetschdiensten.

Weitere Aufgaben sind:

➢ Das Verfassen von Berichten in englischer und französischer Sprache über Themen, die für das diplomatische Personal oder die kanadische Regierung interessant sind. Die Berichte behandeln sehr oft Bereiche der Politik, Umwelt, Recht, Wirtschaft und Kultur. So musste Weissenhofer z.b. über aktuelle politische und gesellschaftliche Ereignisse in Österreich, wichtige Gesetzesänderungen, die Aktivitäten und Programme der politischen Parteien, wirtschaftliche Veränderungen etc. schreiben.

➢ Weiters muss er täglich einen Pressespiegel in englischer Sprache erstellen. Dazu muss er täglich die wichtigsten österreichischen Tageszeitungen durchgehen und dabei die wichtigsten Informationen in Bezug auf Kanada heraussuchen.

➢ Er muss für die Botschaftsangehörigen ein Briefing über relevante Themen verfassen, um die Botschaftsangehörigen für Konferenzen, Besprechungen oder Treffen mit österreichischen Persönlichkeiten verschiedenster Bereiche vorzubereiten.

➢ Eine weitere Aufgabe besteht darin, Dateiensysteme über politisch relevante Themen und Entwicklungen aufzubauen und zu verwalten.

➢ Bei Anfragen an die kanadische Botschaft, die den politischen Bereich betreffen, muss Weissenhofer die dafür nötigen Informationen beschaffen.

➢ Organisatorische Tätigkeiten sind z.B. die Planung von Besuchen von kanadischen Politikern oder anderen Persönlichkeiten oder aber in seinem Fall, da sein Bereich auch zuständig ist für Sportangelegenheiten, die Hilfe bei der Koordination von Freundschaftsspielen zwischen kanadischen und österreichischen Sportteams.

In all diesen Fällen erkennt man deutlich, dass nicht die sprachmittlerische Tätigkeit an sich im Mittelpunkt steht, sondern der berufliche Alltag umfassender ist, denn es wird ein Umgang mit der Fremdsprache ganz allgemein vorausgesetzt. Je nachdem in welchem Botschaftsbereich man angestellt ist, gibt es bestimmte Schwerpunkte.

Es kann aber festgestellt werden, dass es sich hierbei meistens um eine Mischtätigkeit aus reiner Sprachmittlung und einer Reihe anderer interessanter Tätigkeiten handelt, die die Übersetzer und Dolmetschertätigkeit ergänzen.

Eine wichtige Eigenschaft, über die der Ü/D verfügen muss, ist sicherlich, seine Bereitschaft, sich ständig weiterzubilden und dies sowohl im Bezug auf die Sprache als auch in fachlicher Hinsicht. Da sich die Terminologie speziell im politischen Bereich ständig weiterentwickelt, ist eine Weiterbildung unerlässlich, um auf dem Laufenden zu bleiben, da man in Weiterbildungsveranstaltungen auf neue oder neukreierte Termini und Neologismen hingewiesen wird, die in herkömmlichen Referenzwerken nicht zu finden sind.

Was die Stellung eines Ü/D im Botschaftsdienst betrifft, ist er Teil des sogenannten sur place Personals, als des im jeweiligen Land rekrutierten Personals), und genießt keinerlei diplomatische

Privilegien. Auch sind die Karrierechancen als Nichtdiplomat innerhalb einer Botschaft sehr gering. Weiters ist bei der Wahl dieses Berufes zu beachten, dass man als Ü/D den arbeits- und sozialrechtlichen Bestimmungen des jeweiligen Landes untersteht, die jedoch sehr oft stark von österreichischen Standards (in Hinblick auf Urlaubsanspruch, Karenzzeit, Abfertigung etc.) abweichen.

(4) Entwicklung des Arbeitsmarktes

Botschaften stellen sehr gerne Absolventen des Übersetzer- und Dolmetscherstudiums als Personal an, da sie eine sehr gute sprachliche Ausbildung aber auch die Fähigkeit besitzen, sich in Fachbereiche und Aufgabengebiete schnell einzuarbeiten. Dies erkennt man auch an der hohen Zahl an Absolventen, die in Botschaften angestellt sind. Weissenhofer ist der Ansicht, dass sich diese Situation in der Zukunft nicht verändern wird, obwohl natürlich auch Botschaften von der ungünstigen Wirtschaftslage und der Sparpolitik der jeweiligen Regierung betroffen sind und unter Personaleinsparungen leiden könnten. Aufgrund der immer schlechter werdenden Arbeitsmarktsituation, wird es immer wichtiger, sich Zusatzqualifikationen anzueignen, um sich gegenüber Mitbewerbern durchzusetzen.

(5) Konsekutiv und hochoffiziell: Diplomatisches Dolmetschen

In der Folge soll nun genauer auf das Diplomatische Dolmetschen eingegangen werden, wobei wir uns auf die Ausführungen von Martin Grünberg stützen.

Diplomatisches Dolmetschen, Dolmetschen bei Staatsbesuchen, hochoffizielles Dolmetschen auf Regierungsebene … all dies sind Bezeichnungen für Dolmetscheinsätze, die nichts anderes als Verhandlungsdolmetschen mit einigen zusätzlichen Anforderungen sind.

An das „hochoffizielle Dolmetschen" werden folgende Anforderungen gestellt:

Der übersetzte Text muss absolut genau mit dem Original übereinstimmen. Anders als beim kommerziellen Gespräch, bei dem nur das Wesentliche hinübergebracht werden muss, kommt es bei politischen Verhandlungen auf jedes Wort und jeden Unterton und jede Nuance an. Dies ist deshalb so entscheidend, weil in der Sprache der Diplomaten nicht immer alles direkt herausgesagt wird, sondern oft in Andeutungen und mit ironischem Unterton gesprochen wird. Hier trägt der Dolmetscher somit eine große Verantwortung. Der Dolmetscher kann hier nicht zu sonst üblichen Mitteln wie Zusammenfassungen, Raffungen etc. greifen. Der Dolmetscher hat selbst einen geringen Bewertungsspielraum, was die Beurteilung eines Wortes oder einer Bemerkung anlangt.

Für eine richtige Interpretation sind vor allem landeskundliche Kenntnisse aber auch ein Mentalitätsbackground unerlässlich. Dabei sind gute Kenntnisse über geographische, historische, wirtschaftliche, nationale und sonstige Gegebenheiten des betreffenden Landes unerlässlich, doch reicht dies allein auch nicht aus: es ist sehr wichtig, dem Leben des Sprachlandes aufmerksam und dauernd zu folgen. Man sollte auch das Kulturleben, aufsehenerregende Neuerscheinungen, populäre Künstler, Filmschauspieler, Stars etc. kennen. Der Dolmetscher sollte sich in denjenigen hineinfühlen können, für den er dolmetscht und soll in der Lage sein, seine Emotionen und Gedanken, die in seiner Mentalität begründet liegen, nachvollziehen.

Das Spannende am Diplomatischen Dolmetschen ist, dass der Dolmetscher bei allen Gesprächen hautnah dabei ist und überall teilnimmt. Aus diesem Grund kommt hier der im Berufskodex verankerten Pflicht zur Geheimhaltung besondere Bedeutung zu.

Obwohl der Dolmetscher oft Angehöriger einer anderen Nationalität ist, muss absolute Objektivität gewährleistet werden, die auch von der anderen Seite erkannt, anerkannt und geschätzt werden muss. Ein guter Dolmetscher muss somit das Vertrauen beider Seiten genießen.

Neben diesen Anforderungen treten häufig organisatorische Fragen auf, so z.B.: Dolmetscht man in die Muttersprache (wie dies international die Regel ist) oder in die Fremdsprache? Wer dolmetscht für wen? Darf der Dolmetscher Einfluss auf den Inhalt der Verhandlung ausüben? Diese Fragen werden nach der jeweiligen Situation zu beantworten sein. Grünberg gibt dazu keine Antwort in seinem Text.

Aber auch der Sitzplatz des Dolmetschers spielt eine entscheidende Rolle: Normalerweise sollte er neben dem Verhandlungsführer sein (vorzugsweise links von ihm, damit rechts der Ehrenplatz für das nächst wichtigste Mitglied der Delegation frei bleibt.).

Wenn der Dolmetscher jedoch ans Tischende verbannt wird, sollte er sich unbedingt wehren, da dies akustisch sehr unvorteilhaft sein kann und häufige Blickwechsel der Zuhörer fordert.

Beim Bankett sitzt der Dolmetscher meist nicht am Tisch, sondern in zweiter Reihe hinter seinem Verhandlungsführer, Delegationsleiter oder Gastgeber. Es ist dabei zu beachten, dass man als Dolmetscher nicht direkt hinter jemandem sitzt, da man dann schlecht hört und nicht gut dolmetschen kann, sondern dass man etwas nach links rückt, um zwischen den zu dolmetschenden Personen zu sitzen.

Es ist häufig der Fall, dass den Gedolmetschten diese organisatorischen „Kleinigkeiten" nicht bewusst sind. Es ist deshalb Sache des Dolmetschers, auf diese aufmerksam zu machen.

Auch der Zeitpunkt, wann der Dolmetscher einsetzt, ist nicht unstrittig: Manche sind der Meinung, dass der Dolmetscher abwarten soll, bis ein Satz oder sogar der Absatz zu Ende gesprochen wurde, bevor er mit der Dolmetschung beginnt. Aber gerade in politischen Verhandlungen, wo es auf jede Nuance ankommt, sollte man so simultan (nach Teilsätzen und Wortgruppen, die logisch zusammenhängen) wie möglich dolmetschen, damit kein Aspekt verloren geht. Der Vorteil des Simultandolmetschens besteht darin, das es sehr zeitsparend ist, denn es nützt die natürlichen Sprechpausen aus, die bei jedem Gespräch vorkommen. Weiters bietet die Simultandolmetschung (für den Gedolmetschten) die Möglichkeit, sich Worte besser zu überlegen und genauer zu formulieren.

Der Dolmetscher muss immer sehr laut und deutlich sprechen, damit alle an der Verhandlung Beteiligten die Dolmetschung hören.

Aber der Dolmetscher sollte rechtzeitig erkennen können, ob das Gespräch des Gedolmetschten für das gesamte Publikum oder nur für seinen Nachbarn bestimmt ist und dementsprechend die Lautstärke anpassen.

Unarten wie wiederholte „alsos" und „ähs" etc. sollte ein Dolmetscher ablegen. Auch sind wertende Äußerungen fehl am Platz wie z.b. das Einfügen des Wortes „leider".

Da das Ziel der Dolmetschung in der Diplomatie die exakte und vollständige wörtliche Übereinstimmung ist, muss der Dolmetscher, wenn eine Äußerung dazu führen könnte, dass etwas nicht oder falsch verstanden wird, eine Erklärung hinzufügen. Dies ist z.b. der Fall bei Sprachbildern und Sprichwörtern, die meist einer Erklärung bedürfen.

Alles in allem waren die beiden Aufsätze sehr aufschlussreich und haben aufgezeigt, dass Dolmetschen und Übersetzen in Botschaften und in der Diplomatie neben einer perfekten Sprachmittlung auch

noch organisatorische Fähigkeiten, aber auch oft Kenntnisse
anderer Fachbereiche erfordern.

Quelle:

➢ Grünberg, Martin: *Konsekutiv und hochoffiziell. Diplomatisches Dolmetschen.* In:
Kurz/Moisl (Hg.) (2002): *Berufsbilder für Übersetzer und Dolmetscher.*
Perspektiven nach dem Studium. WUV. Wien, 165 – 170
➢ Weissenhofer, Peter: *Übersetzer und Dolmetscher in Botschaften.* In: Kurz/Moisl
(Hg.) (2002): *Berufsbilder für Übersetzer und Dolmetscher. Perspektiven nach*
dem Studium. WUV. Wien, 65 – 70

Dolmetschen und Übersetzen für Botschaften und Diplomatisches Dolmetschen
Handout

(1) Allgemeines Berufsbild
vielfältiger Einsatz aufgrund sprachlicher und sprachmittlerischer Kompetenzen, Flexibilität und Fähigkeit, sich in unterschiedlichste Fachbereiche einzuarbeiten; neben Übersetzer- und Dolmetschertätigkeit andere Aufgaben (Grund: viele Botschaften haben keine eigene Übersetzungsabteilung!)
Vorteil des Ü/D: Sprachmittler, Übung im Umgang mit den Fremdsprachen (→ Einbringung sprachlicher Kompetenz)
zusätzliche Tätigkeiten: Vertiefung des Wissens, Erweiterung der Qualifikationen, Abwechslung im übersetzerischen Alltag; Beispiele für zusätzliche Tätigkeiten: Verfassen von Berichten, Pressespiegeln und Briefen (in Fremd- und Muttersprache), organisatorische Tätigkeiten.
größere Botschaften: meist mehrere Abteilungen (Handelsabteilung, Abteilung für Politik, Kultur, Öffentlichkeitsarbeit, Immigration etc.), Ü/D in vielen dieser Botschaftsbereiche einsetzbar aufgrund von Zusatzqualifikationen und großer Flexibilität

(2) Der Berufseinstieg – Studium und Zusatzqualifikationen
drei Säulen nach *Weissenhofer*:
d) Ausbildung durch das Studium selbst: Terminologie der internationalen Organisationen, Fachsprachen (Wirtschaft, Recht und Politik), Einsicht ins Pressewesen und Konferenzsprachen
e) Absolvierung von Auslandsaufenthalten: Vertiefung der Sprachkenntnisse, Kennenlernen von anderen Kulturen, Denkweisen, politischen Systemen; v.a. Aufenthalte in Form von Sprachkursen, Austauschsemestern an ausländischen Universitäten, Praktika oder Arbeitsaufenthalten; (Auslandserfahrung sehr wichtig: sprachliche Weiterbildung, Interesse an fremden Ländern und Kulturen)
f) Erwerb von möglichst vielen Zusatzqualifikationen: oft bei Bewerbung ausschlaggebend (große Konkurrenz unter Mitbewerbern, alle annähernd dieselbe Ausbildung oder denselben universitären Abschluss); Zusatzqualifikationen im Bereich Information und Dokumentation, Wirtschaft und Recht, Politik, Kultur, Öffentlichkeitsarbeit etc. interessant Erlangung von Zusatzqualifikationen: durch Zweitstudium, durch Besuch von Lehrgängen, Seminaren und Fortbildungskursen während oder nach dem Studium.

(3) Berufliche Anforderungen, Arbeitsalltag und Ablauf einer Bewerbung
Einreichung einer schriftlichen Bewerbung → Auswahl der Kandidaten, die Anforderungsprofil am besten entsprechen; Einladung zu schriftlichem Test (=Übersetzung in die und/oder aus der Fremdsprache); Einladung der beim Test am besten abschneidenden Bewerber zu Interview (Ziel: Kandidaten persönlich kennenlernen, Test der mündlichen Sprachbeherrschung, persönliche Motivation des Kandidaten) Achtung: Ausschreibung oft nicht als „Übersetzer und Dolmetscher", sondern als „Assistenzposten" in verschiedensten Botschaftsbereichen.

Aufgaben eines Ü/D in Botschaften (Beispiel: *Weissenhofer*)
✓ Übersetzungen aus Mutter- in Fremdsprache (seltener in umgekehrter Richtung), Gesprächsdolmetschdienste
✓ Verfassen von Berichten für das diplomatische Personal oder die Regierung
✓ Tägliche Erstellung eines Pressespiegels
✓ „Briefing" der Botschaftsangehörigen (Vorbereitung auf Konferenzen, Besprechungen oder Treffen mit wichtigen Persönlichkeiten verschiedenster Bereiche)
✓ Aufbau und Verwaltung von Dateiensystemen über politisch relevante Themen und Entwicklungen
✓ Beschaffung von Informationen bei Anfragen an die kanadische Botschaft
✓ Organisatorische Tätigkeiten: Planung von Besuchen von Politikern und Persönlichkeiten
Ü/D in Botschaften = Mischtätigkeit aus reiner Sprachmittlung und anderen interessanten Tätigkeiten.
Wichtige Eigenschaft des Ü/D: Bereitschaft sich ständig weiterzubilden (sprachlich und fachlich)
Stellung eines Ü/D im Botschaftsdienst: Teil des sogenannten Sur Place Personals (= jeweils im Land rekrutiertes Personal), keinerlei diplomatische Privilegien; Karrierechancen als Nichtdiplomat sehr gering;

Dolmetschen und Übersetzen für Botschaften und Diplomatisches Dolmetschen
Handout

Achtung: arbeits- und sozialrechtliche Bestimmungen unterscheiden sich je nach Land sehr oft stark von österreichischen Standards (in Hinblick auf Urlaubsanspruch, Karenzzeit, Abfertigung etc.)

(4) Entwicklung des Arbeitsmarktes

Hohe Zahl an Absolventen des Übersetzer- und Dolmetscherstudiums als Personal in Botschaften (Grund: sehr gute sprachliche Ausbildung, Fähigkeit, sich in Fachbereiche und Aufgabengebiete schnell einzuarbeiten); auch Botschaften von der ungünstigen Wirtschaftslage und der Sparpolitik der jeweiligen Regierung betroffen → kann Personaleinsparungen zur Folge haben; aufgrund der immer schlechter werdenden Arbeitsmarktsituation deshalb immer wichtiger, sich Zusatzqualifikationen anzueignen, um sich gegenüber Mitbewerbern durchzusetzen!

(5) Diplomatisches Dolmetschen, Dolmetschen bei Staatsbesuchen, hochoffizielles Dolmetschen auf Regierungsebene

= Verhandlungsdolmetschen mit einigen zusätzlichen Anforderungen

✓ Übersetzung muss absolut genau mit Original übereinstimmen; jedes Wort, jeder Unterton, jede Nuance = wichtig; Schwierigkeit: in Sprache der Diplomaten nicht immer alles direkt herausgesagt (oft Andeutungen, ironischer Unterton) → große Verantwortung für Dolmetscher; keine Verwendung sonst üblicher Mittel wie Zusammenfassungen, Raffungen etc.; sehr geringer Bewertungsspielraum (bei Beurteilung eines Wortes, einer Bemerkung)

✓ für richtige Interpretation landeskundliche Kenntnisse (geographische, historische, wirtschaftliche, nationale und sonstige), Mentalitätsbackground unerlässlich; Leben des Sprachlandes (Kulturleben, aufsehenerregende Neuerscheinungen, populäre Künstler, Filmschauspieler, Stars etc.) aufmerksam und ständig verfolgen; Dolmetscher sollte sich in denjenigen hineinfühlen können, für den er dolmetscht (Emotionen und Gedanken nachvollziehen können)

✓ bei allen Gesprächen hautnah dabei → Berufskodex: Pflicht zur Geheimhaltung

✓ Gewährleistung absoluter Objektivität; er muss Vertrauen beider Seiten genießen

✓ organisatorische Fragen: Dolmetscht man in die Muttersprache (wie dies international die Regel ist) oder in die Fremdsprache? Wer dolmetscht für wen? Darf der Dolmetscher Einfluss auf den Inhalt der Verhandlung ausüben?

✓ Sitzplatz des Dolmetschers: neben dem Verhandlungsführer (vorzugsweise links von ihm) Dolmetscher muss sich wehren, wenn er an akustisch unvorteilhaften Platz gesetzt wird. Beim Bankett: nicht am Tisch, sondern in zweiter Reihe hinter seinem Verhandlungsführer; nicht direkt hinter dem zu Dolmetschenden (hört dort schlecht); besser: zwischen den zu dolmetschenden Personen sitzen

✓ Dolmetscher muss auf diese organisatorischen „Kleinigkeiten" aufmerksam machen

✓ Einsatz des Dolmetschers: abwarten, bis ein Satz oder sogar der Absatz zu Ende gesprochen wurde oder simultan? Vorteil des Simultandolmetschens: sehr zeitsparend, bietet für den Gedolmetschten die Möglichkeit, sich Worte besser zu überlegen und genauer zu formulieren.

✓ laut und deutlich sprechen: alle an der Verhandlung Beteiligten sollen Dolmetschung hören. Dolmetscher muss rechtzeitig erkennen, ob Gespräch für gesamtes Publikum oder nur für Nachbarn bestimmt ist (Anpassung der Lautstärke)

✓ Unarten wie wiederholte „alsos" und „ähs" etc. ablegen; wertende Äußerungen fehl am Platz wie z.B. das Einfügen des Wortes „leider".

✓ Dolmetscher muss, wenn Äußerungen dazu führen könnten, dass etwas nicht oder falsch verstanden wird, eine Erklärung hinzufügen. (v.a. bei Sprachbildern und Sprichwörtern)

Quelle:

➢ Grünberg, Martin: *Konsekutiv und hochoffiziell. Diplomatisches Dolmetschen.* In: Kurz/Moisl (Hg.) (2002): *Berufsbilder für Übersetzer und Dolmetscher. Perspektiven nach dem Studium.* WUV. Wien, 165 – 170

➢ Weissenhofer, Peter: *Übersetzer und Dolmetscher in Botschaften.* In: Kurz/Moisl (Hg.) (2002): *Berufsbilder für Übersetzer und Dolmetscher. Perspektiven nach dem Studium.* WUV. Wien, 65 – 70